TINTO

3

Arbeitsheft Fördern
Sprache • Lesen

von
Stephanie Aschenbrandt
Helge Daugs
Gerlinde Freyer
Katja Gade

illustriert von
Eva Czerwenka, Tobias Krejtschi,
Anke Sebening, Ingrid Sissung,
Christa Unzner

scook Deine **interaktiven Gratis-Übungen** findest du hier:

1. Gehe auf scook.de.
2. Gib den unten stehenden Zugangscode in die Box ein.
3. Hab viel Spaß mit deinen Gratis-Übungen.

Dein Zugangscode auf
www.scook.de | 2562j-dmk9t

Cornelsen

Inhaltsverzeichnis

Wir in der Schule

Kartoffeln, Kartoffeln

Fledermäuse

Geheimnisvolles

Digital unterwegs

Bei den Wikingern

Unser Wetter

Phänomenal!

Am Teich

Hier leben wir

Das kann ich schon aus der 2. Klasse

Willkommen!
Jetzt bist du schon
in der 3. Klasse.

Verwandte Wörter finden

1 Verbinde die verwandten Wörter.

Glätte	handeln
Abend	glatt
Händler	sieben
Sieb	Abende

Fehlende Buchstaben im ABC finden

2 Welche Buchstaben fehlen im ABC?
Schreibe die Buchstaben. Schreibe das Lösungswort.

Lösung: Du bist ___ ___ ___!

Einzahl und Mehrzahl finden

3 Schreibe die Wörter in der Einzahl und Mehrzahl.

	Einzahl	Mehrzahl
	das Heft	viele Hefte

Diese Seite fand ich:
○ leicht ○ mittel ○ schwer

Wir in der Schule

Fragen zum Text beantworten

1 Lies den Text.

Erster Schultag

1 Die Kinder der Klasse 3 b erzählen von den Ferien.
2 Samira besuchte ihren Großvater im Schwarzwald.
3 Sara, Mehmet und Konstantin waren an der Ostsee.
4 Burak reiste in die Türkei.
5 Er besuchte seine Tante in Ankara.
6 Elias und Clara waren im Hort der Schule.
7 Sie machten spannende Ausflüge.
8 Alle Kinder hatten schöne Ferien.

2 Lies die Fragen. Suche die Antworten im Text.

3 Beantworte die Fragen. Schreibe die Zeilen.

- Wo wohnt Samiras Großvater? im Schwarzwald Zeile 2
- Wo war Konstantin? ____________ Zeile ___
- Wo wohnt Buraks Tante? ____________ Zeile ___
- Wo war Clara? ____________ Zeile ___

4 Richtig oder falsch? Kreuze an.
Wo hast du die Informationen gefunden? Schreibe die Zeilen.

	richtig	falsch	Zeile
Samira besuchte ihren Onkel im Schwarzwald.			
Sara reiste in die Türkei.			
Elias und Clara machten spannende Ausflüge.			

Sich in eine Figur hineinversetzen

1 Sieh dir die Bilder an. Lies den Comic.

Eis oder Geige?

2 Beantworte die Fragen.

- Was schlägt Leonie vor? Schreibe.

Leonie schlägt vor: „ ______________________________ “

- Kann Jasmina mitgehen? Kreuze an. ☐ Ja ☐ Nein

- Warum hat Jasmina keine Zeit? Schreibe.

Jasmina sagt: „ ______________________________ “

3 Warum verhält sich Leonie wohl so?
Sprich mit einem Partnerkind.

Lob aufschreiben

1 Sieh dir das Bild an.

Lies die Sprechblasen.

2 Lies. Welches Kind wird hier gelobt?

Schreibe die Nummer.

Lob an Kind ______:
Du hast die Matheaufgabe noch einmal erklärt. Super!

der Lehrerin die Tür aufgehalten • einem Kind den Anspitzer gegeben • geholfen, die Bücher zu tragen • Toll! • Super! • Prima! • Nett!

3 Schreibe ein Lob für ein weiteres Kind.

Lob an Kind ______:

Du ______________________________

____

Nomen

1 Lies die Nomen.

2 Schreibe die Nomen mit Artikel in die Tabelle.

~~Schulleiterin~~ • Heft • Rose • Lehrer
• Buch • Amsel • Mücke • Kastanie

Menschen	Pflanzen
die Schulleiterin	

Tiere	Dinge

3 Markiere die drei Nomen in jeder Zeichnung.
Schreibe sie auf.

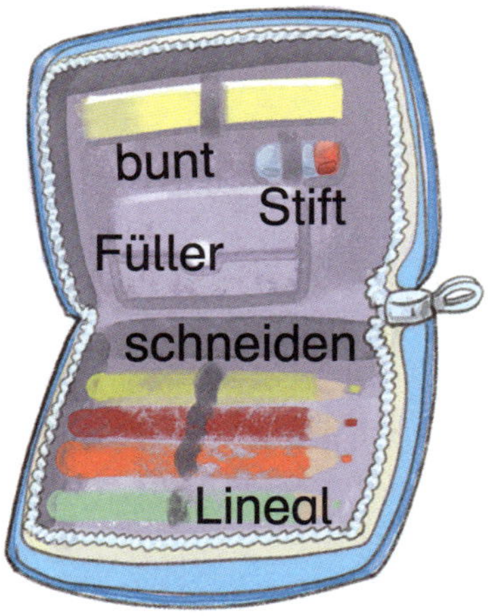

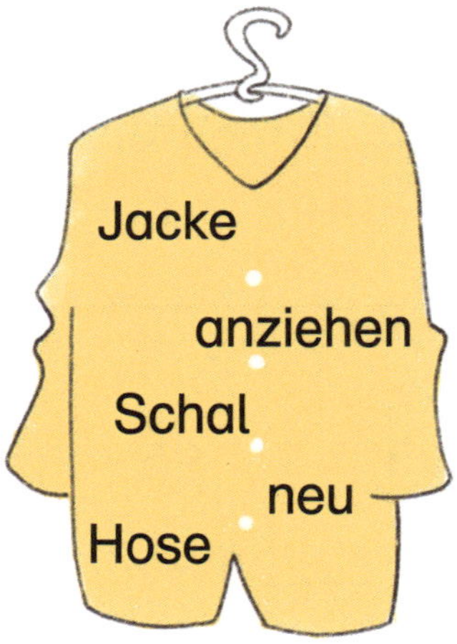

Lexikon

Adjektive

1 Sieh dir das Bild an. Lies die Adjektive.

2 Welche Adjektive passen zum Bild? Markiere.

Das ist Sama.

blond • lang •
lockig • schwarz •
weiß • kurz •
braun • gestreift •
grün • blau

3 Wie sieht Sama aus? Schreibe.

Sama hat lange Haare.

Sie hat ______ Haare.

Sie hat ______ Augen.

Sie hat ein ______ T-Shirt.

Das T-Shirt hat ______ Punkte.

4 Markiere die Adjektive.
Schreibe Sätze.

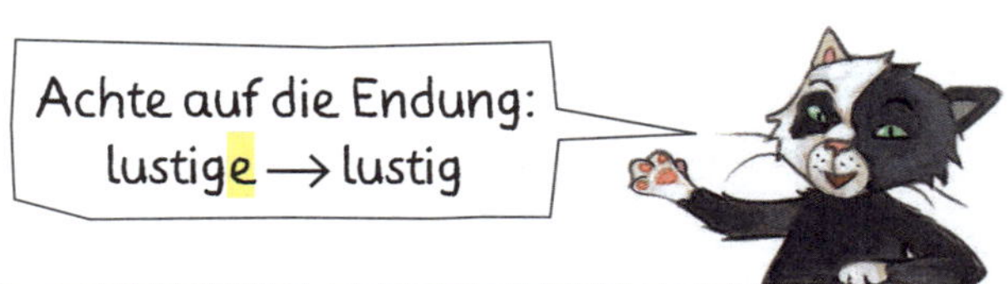

der lustige Leon → Leon ist lustig.

die gerechte Gesa → ______

der ehrliche Erik → ______

die mutige Martha → ______

der artige Ahmet → ______

Verschiedene Satzarten

1 Lies die Sätze.

2 Schreibe . oder ? am Satzende.
Schreibe die Antworten.

In welche Klasse gehst du ?

Ich gehe in die ______ ___

Was ist dein Lieblingsfach ___

Ich mag am liebsten ______ ___

Wie heißen eure Klassensprecher ___

Sie heißen ______ und ______ ___

3 Lies und schreibe . oder ? oder ! am Satzende.

? ! ! ~~.~~ . . . .

Rafael hält ein Referat .

Er stellt sein Lieblingsbuch vor ___

Er spricht viel zu leise ___

Seine Mitschüler fordern: „Sprich lauter ___"

Sie fragen: „Warum traust du dich nicht ___"

Sie sagen: „Das Buch ist doch spannend ___"

Jetzt spricht Rafael lauter ___

Das Referat macht ihm richtig Spaß ___

BB S. 18, BO S. 19

Wörter nach dem Alphabet ordnen

1 Lies das Alphabet.

A B C D E F G H I J K L M N O P Q R S T U V W X Y Z

a b c d e f g h i j k l m n o p q r s t u v w x y z

2 Lies den Stundenplan.
Ordne die Fächer nach dem Alphabet.
Schreibe sie auf.

Achte hier immer auf den ersten Buchstaben.

Stunde	Montag	
1	Englisch	
2	Musik	
3	Kunst	
4	Sachunterricht	
5	Deutsch	1

1	Deutsch
2	
3	
4	
5	

3 Lies, was Tim gerne macht.
Ordne die Wörter nach dem Alphabet.
Schreibe sie auf.

Wenn die ersten Buchstaben gleich sind, ordne nach dem zweiten Buchstaben.

Das macht Tim gerne	
toben	
tanzen	1
turnen	
teilen	

1	tanzen
2	
3	
4	

Verwandte Wörter finden

Gehört zu?

1 Lies und verbinde die verwandten Wörter.
Markiere **äu/au** und **ä/a**.

Räuber	Schale
Wärme	sauber
schälen	rauben
Gäste	warm
säubern	Gast

2 Finde ein verwandtes Wort. Schreibe ❶ und ❷.
Markiere **ä** oder **äu** ❸.

❸	❷	❶	
Nächte	ä ⟷	Nacht	
Bäume	⟷		
Bäuche	⟷		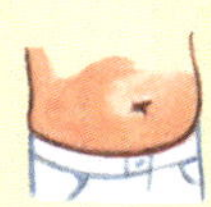
Gläser	⟷		
Männer	⟷		
Häuser	⟷		
Mäuse	⟷		

BB S. 20, BO S. 21

STARK: Alle Strategien üben

1 Lies die Strategien und verbinde.
Schreibe die Strategiezeichen.

Groß/klein?	↔	↔		
Hör genau!				
Gehört zu?				
Lang/kurz?	M			
Merk's dir!				

2 Lies den Text. Markiere das richtige Wort.
Markiere die passende Strategie. Schreibe das Wort.

Die 3. Klasse beginnt

Die 3. klasse/Klasse wird toll.		↔	Klasse
Auf dem Tisch liegt/liekt für		↔	
jeden ein Neues/neues Buch.		↔	
Wir haben/Haben viel vor.		↔	
Nächste Woche/woche machen wir		↔	
schon einen Ausfluk/Ausflug.		↔	
Wir gehen in ein Museum/museum.		↔	
alle/Alle freuen sich darauf.		↔	

Das kann ich schon

Nomen

1 Markiere die zwei Nomen in jeder Zeichnung.
Schreibe sie auf.

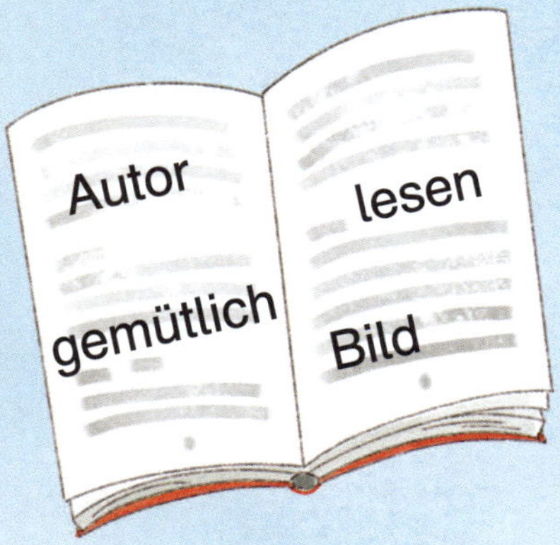

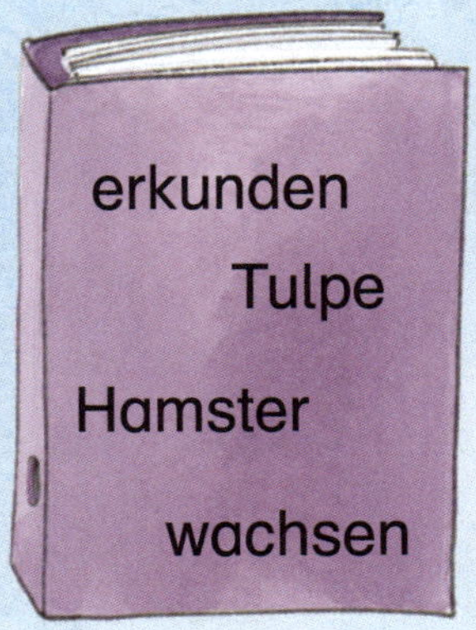

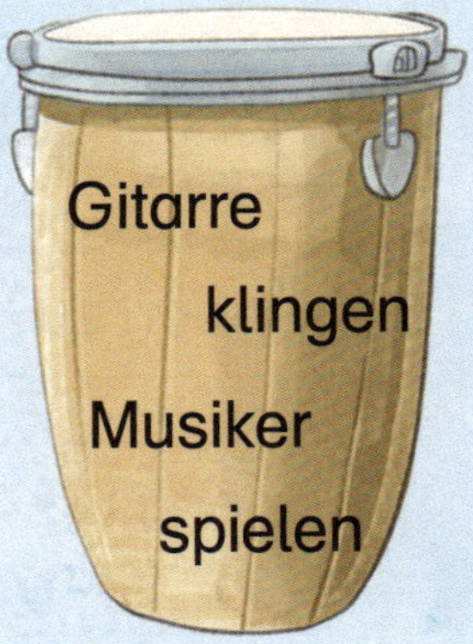

Wörter nach dem Alphabet ordnen

2 Lies, was Selma gerne macht.
Ordne die Wörter nach dem Alphabet.
Schreibe sie auf.

a b c d e f g h i
j k l m n o p q r
s t u v w x y z

Das macht Selma gerne	
spielen	
streicheln	
singen	
sammeln	
schnitzen	

1 ____
2 ____
3 ____
4 ____
5 ____

Diese Seite fand ich:
○ leicht ○ mittel ○ schwer

Kartoffeln, Kartoffeln

Informationen im Text finden

1 Lies den Text. Welches Foto zeigt einen Kartoffelkäfer?
Kreuze an.

Kartoffelkäfer

Kartoffelkäfer sind etwa 1 cm* lang.
Sie haben gelb-schwarze Flügel.
Kartoffelkäfer fressen die Blätter
der Kartoffelpflanzen. Ohne die Blätter
wachsen unter der Erde fast keine Kartoffeln.
Deshalb bekämpfen Bauern die Kartoffelkäfer.

*cm = Zentimeter

2 Lies die Fragen. Markiere die Antworten im Text.
Beantworte die Fragen.

- Wie lang sind Kartoffelkäfer?

Kartoffelkäfer sind etwa

- Was fressen Kartoffelkäfer?

Kartoffelkäfer fressen

3 Warum bekämpfen Bauern die Kartoffelkäfer?
Kreuze die richtige Antwort an.

	richtig
Die Käfer buddeln sich ein und fressen die Kartoffeln.	
Die Käfer fressen die Blätter der Kartoffelpflanze.	
Die Käfer spielen unter der Erde mit den Kartoffeln Fußball.	

Ein Schaubild lesen

1 Lies und sieh dir die Bilder an.

Kartoffelernte in der Schule

Die Klassen **3 a**, **3 b** und **3 c** haben Kartoffelpflanzen gepflanzt.

Nach den Sommerferien haben sie Kartoffeln geerntet.

Kartoffelpflanzen

Kartoffeln

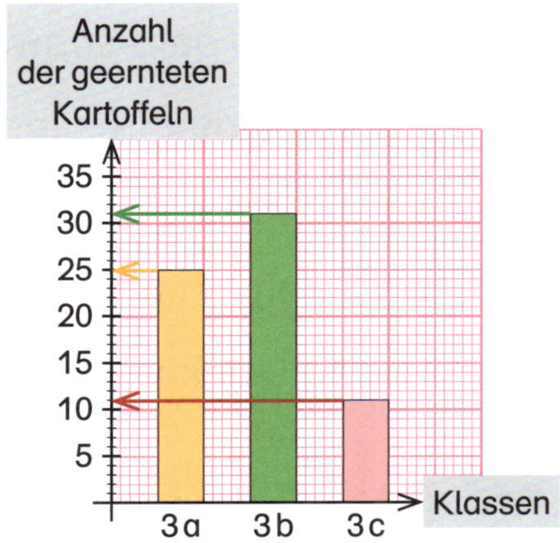

2 Wie viele Kartoffeln hat jede Klasse geerntet? Schreibe.

3 a: 25 **3 b**: ____ **3 c**: ____

3 Lies die Fragen.
Beantworte die Fragen.

- Welche Klasse hat die **meisten** Kartoffeln?

Die Klasse ____ hat die ____ Kartoffeln.

- Welche Klasse hat die **wenigsten** Kartoffeln?

Die Klasse ____ hat die ____ Kartoffeln.

- Welche Klasse hat **weniger** Kartoffeln als die **3 a**?

Die Klasse ____ hat ____ Kartoffeln als die **3 a**.

BB S. 30, BO S. 31

Treffende Verben finden

1 Sieh dir die Bilder an und lies den Text.

2 Markiere die passenden Verben.
Schreibe die Sätze.

Verben sind Wörter, die sagen, was man tut.

Der Kartoffelwettlauf

Juli und Michel singen/bringen eine Kartoffel mit.

Juli und Michel bringen eine Kartoffel mit.

Sie stellen/platzen sich auf.

Jetzt schwimmen/laufen sie los.

Michel hat gekleckert/gewonnen.

Juli lacht/schläft. Jetzt will sie gewinnen/gehen.

Sie starten/rechnen noch einmal.

Jetzt hört/schafft es Juli.

BB S. 32, BO S. 33/34

Verben

1 Lies die Verben und verbinde.

Grundform	braten	liegen	fliegen	planen	treffen
Personalform	ich fliege	er brät	ich treffe	sie liegt	ich plane

2 Schreibe die Verben.

braten – er brät,

3 Lies den Text. Markiere und schreibe.

Das Kartoffelfest

Tim plant ein Kartoffelfest.
planen/plant

Er ______ Lena.
trifft/treffen

Jonas ______ auch in den Garten.
kommen/kommt

Er ______ sehr gerne.
feiert/feiern

Tim ______ dicke Kartoffeln.
grillt/grillen

Lena ______ gerne Quark dazu.
essen/isst

wOrt

BB S. 34, BO S. 37

Wortbausteine verändern Verben

1 Lies die Verben.

2 Was gehört zusammen? Verbinde.
Markiere die Wortbausteine.

Wortbausteine verändern die Bedeutung von Verben: kaufen, einkaufen, verkaufen

schalten	füllen	geben	rühren
aufgeben	einschalten	verrühren	ausfüllen

3 Schreibe die Verben.

schalten – einschalten,

4 Lies die Verben und verbinde.
Schreibe die Verben. Markiere den Wortbaustein.

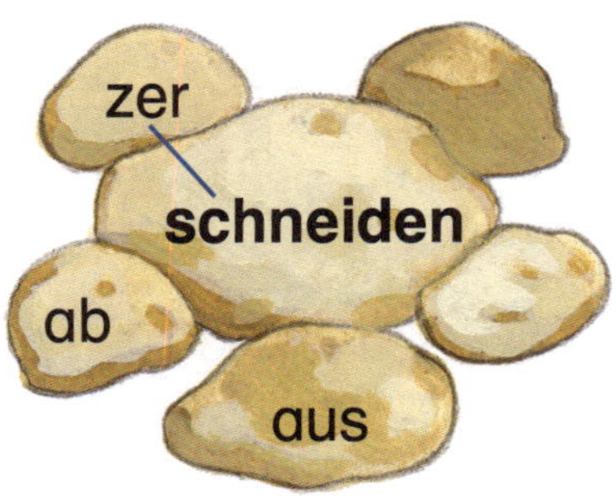

zerschneiden

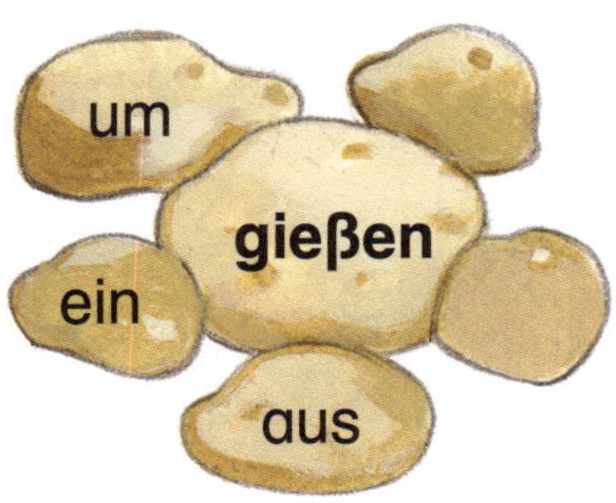

Wörter mit doppelten Mitlauten

1 Mache die Lang-Kurz-Probe.
Schreibe einen • unter den kurzen Selbstlaut.

2 Markiere die doppelten Mitlaute.
Schreibe das Reimwort.

nett

Bett

Keller

satt

Tonne

3 Wo sind die Wörter aus dem Kasten versteckt? Markiere.
Suche nur waagerecht.

Messer • Suppe • stumm • ~~Ratte~~ • Teller • knabbern • essen

T	Z	R	Y	R	A	T	T	E	I
C	E	S	S	E	N	Y	K	E	N
M	E	W	P	T	D	V	Z	C	Y
S	T	U	M	M	X	O	P	Ü	N
N	R	S	U	P	P	E	W	N	E
A	P	T	E	T	E	L	L	E	R
Ü	N	K	N	A	B	B	E	R	N
S	M	E	S	S	E	R	X	I	N

Schreibe einen lustigen Satz mit Wörtern aus dem Kasten.

Wörter mit V oder v (M)

1 Lies den Text.

Markiere noch neun Wörter mit **V** oder **v**.

Ein übermütiger Rabe

Der Rabe Valentin sieht eine Vogelscheuche.
Da möchte er ihre Nase haben.
Der Rabe startet viele Versuche.
Aber er bleibt hängen und wird nervös.
Er versucht sich zu befreien.
Plötzlich gelingt es ihm.
Dann fliegt er vorsichtig eine Kurve.
Der Rabe rettet sich auf einen Ast.
Vera und Viktor haben alles gesehen.
Sie werfen ihm aus Mitleid einen Apfel hin.

2 Schreibe die Wörter und markiere **V** oder **v**.

Valentin,

3 Lies die Wörter und höre genau.

Haben sie ein **V** wie **Vogel**? Markiere noch fünf Wörter rot.

Haben sie ein **V** wie **Vase**? Markiere noch vier Wörter grün.

V oder v wie Vogel | **V oder v wie Vase**

vielleicht | Verb | versuchen | Silvester | November

Vulkan | davon | voll | Kurve | vor | vorsichtig

Länge des Selbstlautes prüfen

Lang/kurz?

1 Mache die Lang-Kurz-Probe.
Schreibe – oder •.

Butter
•

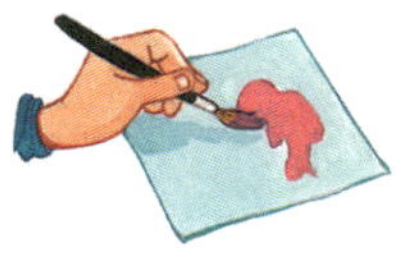
malen
–

Tasse

Schere

Brot

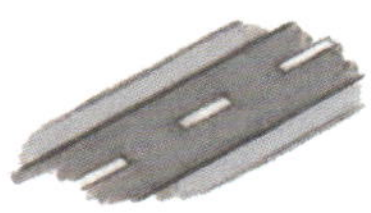
Straße

rennen

fallen

Glas

Kamm

2 Schreibe die Wörter in die Tabelle.
Schreibe – oder •.

langer Selbstlaut –	**kurzer Selbstlaut •**
malen (–)	Butter (•)

Finde jeweils ein eigenes Wort mit langem und kurzem Selbstlaut.
Schreibe die Wörter in die Tabelle.

BB S. 38, BO S. 41

STARK: Alle Strategien üben

1 Lies die Strategien und verbinde.
Schreibe die Namen der Strategiezeichen.

Strategie	Zeichen	Name
Groß/klein?	–•	Lang/kurz?
Hör genau!	▲▲	
Gehört zu?	M	
Lang/kurz?	ω	
Merk's dir!	↔	

2 Lies den Text. Markiere das richtige Wort.
Markiere die passende Strategie. Schreibe das Wort.

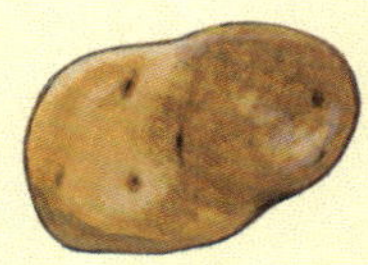

Interessantes über die Kartoffel

Text	Strategie		Wort
Wir wissen jetzt Viel/viel	▲▲	↔	viel
über die Kartoffel/kartoffel.	▲▲	↔	
Ich fant/fand die Geschichte	▲▲	↔	
sehr lustig/lustik, als der	▲▲	↔	
König/Könik die Kartoffeln	▲▲	↔	
Bewachen/bewachen ließ.	▲▲	↔	
Das war ein trick/Trick	▲▲	↔	
und sehr kluk/klug.	▲▲	↔	

Das kann ich schon

Wortbausteine verändern Verben

1 Lies die Verben und verbinde.
Schreibe die Verben. Markiere den Wortbaustein.

ab
ver
auf

ab
aus
vor

Länge des Selbstlautes prüfen

2 Schreibe die Wörter in die Tabelle.
Schreibe – oder •.

leben • schnell • klug • glatt • kann • geben • holen • voll • loben • fett

langer Selbstlaut –	**kurzer Selbstlaut •**

Diese Seite fand ich:
○ leicht ○ mittel ○ schwer

Fledermäuse

Stichworte in einem Sachtext finden

1 Lies die Texte.

2 Markiere die Stichworte vom Zettel im Text.

Der Mensch als Feind

Der Feind nimmt Gift gegen Insekten. Die Insekten sind das Futter der Fledermäuse. Deshalb haben sie weniger zu fressen. Der Feind fällt Bäume mit Höhlen. Der Feind zerstört den Wohnraum der Fledermäuse.

Der Feind:
– nimmt Gift
– fällt Bäume
– zerstört den Wohnraum

3 Schreibe die markierten Stichworte auf den Zettel.

Der Mensch als Freund

Der Freund verzichtet auf Gift gegen Insekten. Deshalb gibt es mehr Insekten. Darum haben die Fledermäuse mehr zu fressen. Der Freund pflanzt Blumen. Blumen sind Futter für Insekten. Der Freund schafft Wohnraum für Fledermäuse. Er baut Fledermauskästen.

Der Freund:
– verzichtet auf Gift
–
–

Stichworte finden und anwenden

1 Lies den Text.

2 Um welche Fledermausart geht es hier? Kreuze an.

☐ Großes Mausohr ☐ Vampirfledermaus ☐ Abendsegler

Die Vampirfledermaus

Diese Fledermaus ist graubraun.

Sie wird 10 cm* groß.

Die Vampirfledermaus wiegt etwa 50 g**.

Sie lebt in Nordamerika und Südamerika.

Die Vampirfledermaus trinkt Blut.

Sie beißt Kühe oder Pferde.

Sie bekommt nur wenige Junge.

Deshalb ist sie vom Aussterben bedroht.

* cm = Zentimeter
** g = Gramm

3 Lies den Steckbrief.
Schreibe die Stichworte in den Steckbrief.

Steckbrief: Vampirfledermaus

Aussehen: graubraun

Größe: ______

Gewicht: ______

Lebensraum: ______

______

Nahrung: ______

Fortpflanzung: ______

BB S. 47, BO S. 50

Eine Mind-Map schreiben

1 Sieh dir die Mind-Map an und lies.

2 Um welches Tier geht es? Schreibe.

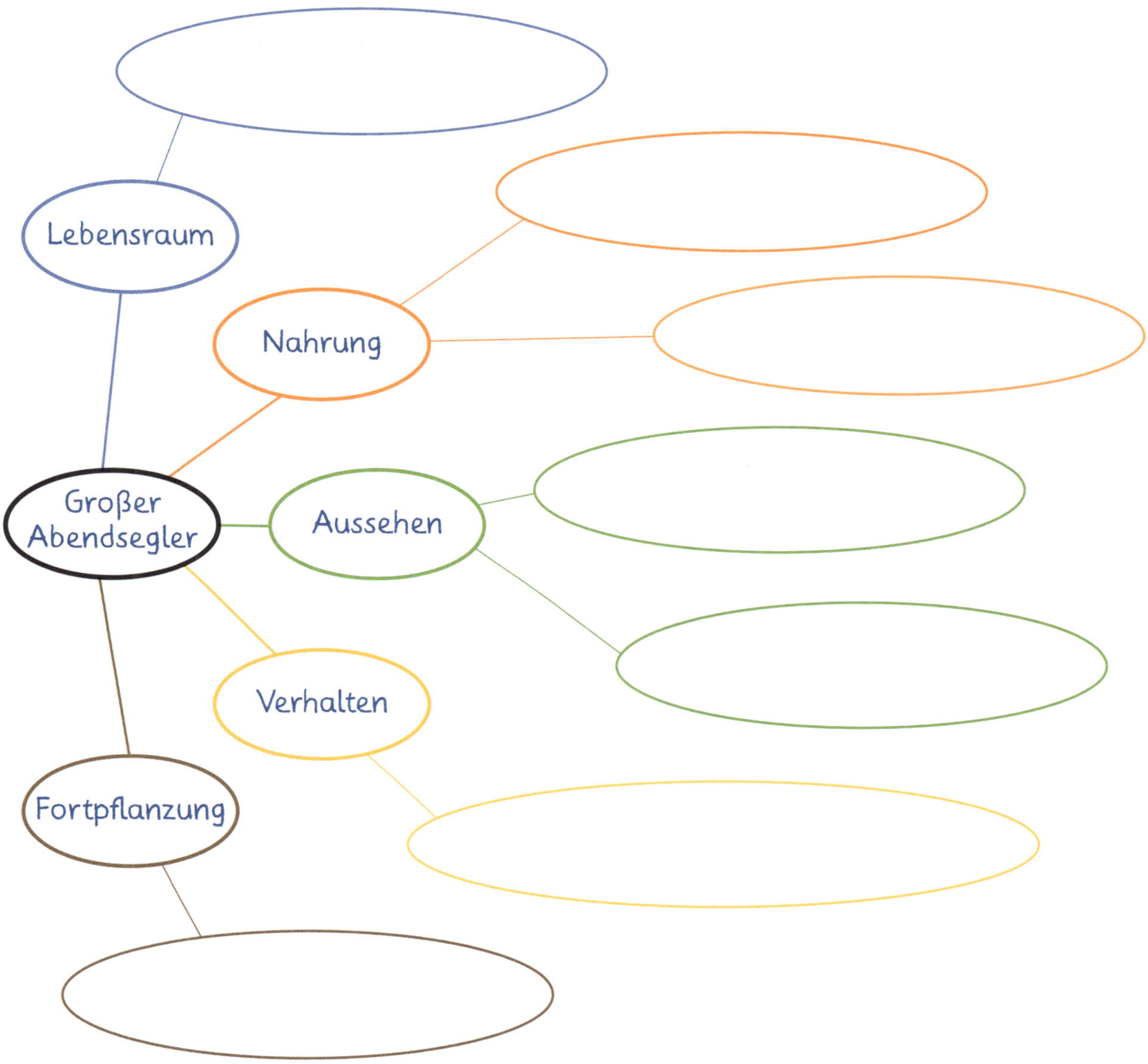

3 Schreibe diese Stichworte in die Mind-Map.

riesige Flügel | 1–2 Junge | fliegt sehr schnell

Baumhöhlen | Grillen | kleine Ohren | Käfer

Schreibe die Mind-Map auf ein großes Blatt.

Verben: Grundform, Personalform

1 Lies den Text.

2 Markiere und schreibe.

Fledermäuse auf der Jagd

Die Fledermaus jagt in der Nacht.
(jagen/jagt)

Das Weibchen ______ im Sommer viel Futter.
(braucht/brauchen)

Das Junge ______ Milch bei seiner Mutter.
(saugen/saugt)

Es ______ sehr schnell.
(wächst/wachsen)

Schon bald ______ das Junge selbst auf die Jagd.
(gehen/geht)

3 Schreibe die Personalform in die Tabelle. Markiere.

er hängt • hängen • hängst • hängen • hänge • hängt

jagst • jagt • jagen • jagt • jage • jagen

fliegen	**hängen**	**jagen**
ich fliege	ich ______	ich ______
du fliegst	du ______	du ______
er/sie/es fliegt	er/sie/es hängt	er/sie/es ______
wir fliegen	wir ______	wir ______
ihr fliegt	ihr ______	ihr ______
sie fliegen	sie ______	sie ______

BB S. 52, BO S. 55/56

Wortstamm und Wortfamilie

1 Lies den Text. Worum geht es?

2 Finde im Text alle Wörter mit dem Wortstamm **flieg**.
Markiere den Wortstamm.

Eine Batnight ist eine Fledermausnacht. Man kann Fledermäuse beobachten.

Batnight*

*sprich: Bätnait

Bei der Batnight **fliegen** Fledermäuse.
Die **Tiefflieger** flattern nachts durch den Park.
Die schnellen **Flieger** sieht man im August.
Die Fledermäuse **umfliegen** alle Hindernisse.
Sie jagen **Fliegen** und andere Insekten.
Man kann ihnen beim **Herumfliegen** zusehen.
Fledermäuse sind tolle **Überflieger**.

3 Schreibe die Wörter mit dem Wortstamm **flieg**.

fliegen,

4 Finde alle Wörter mit dem Wortstamm **schlaf**.
Markiere den Wortstamm.

Winterschlaf • Schlaf • Spaß • ausschlafen • Straße •
spielen • verschlafen • Schloss • Schnecke • schlaflos

5 Schreibe die Wörter mit dem Wortstamm **schlaf**.

Winterschlaf,

Verben im Wörterbuch finden

1 Schreibe die fehlenden Buchstaben ins Alphabet.

A	B	C	D			G		I		K	L	
	O		Q		S		U		W			Z

2 Schreibe die Grundform.

3 Suche die Verben im Wörterbuch.
Auf welcher Seite hast du sie gefunden? Schreibe.

esse – essen Seite

atmest – Seite

streitet – Seite

geht – Seite

laufe – Seite

denkt – Seite

steht – Seite

schwimmst – Seite

hört – Seite

tanzt – Seite

riechst – Seite

gleitest – Seite

b oder p, d oder t, g oder k? ⟷

1 Lies den Text laut.

2 Markiere **d** oder **g**.
Schreibe den Buchstaben.

Die Burg

Die **Wand** der Mauer ist dick. ⟷ (d) **Wände**

Es ist eine **Burg**. ⟷ **Burgen**

Über den Graben führt ein **Steg**. ⟷ **Stege**

Der **Mond** spiegelt sich im Wasser. ⟷ **Monde**

Eine Fledermaus kommt aus dem **Wald**. ⟷ **Wälder**

3 Markiere **b** oder **p**, **g** oder **k** ❶.
Schreibe ❷, ❸ und dann ❹.

❸	❷	❶	❹
er grä b t	⟷ b	graben / grapen	er gräbt
es pie ___ t	⟷	pieben / piepen	
sie fun ___ t	⟷	fungen / funken	
er lie ___ t	⟷	liegen / lieken	
er lo ___ t	⟷	lopen / loben	
sie fän ___ t	⟷	fanken / fangen	
er trin ___ t	⟷	trinken / tringen	

BB S. 55, BO S. 59/60

Nomen großschreiben

Groß/klein?

1 Lies die Nomen für Gefühle und sieh dir die Bilder an.
Was gehört zusammen? Verbinde.

Trauer Langeweile Begeisterung Verliebtheit

2 Markiere die Nomen für Gefühle.
Schreibe sie mit Artikel auf.

• Hass • Gurke • Liebe • Abscheu
• Neid • Blume • Wut • Meer

der Hass,

3 Lies die Adjektive und Nomen für Gefühle.
Was gehört zusammen? Verbinde.

Hanna guckt **mutig** einen Vampirfilm.	**Neugierde**
Pascal geht **aufgeregt** zur Fledermausnacht.	**Furcht**
Fatma findet Fledermäuse nicht **ekelig**.	**Mut**
Neugierig beobachtet Otto ein Mausohr.	**Ekel**
Mücken **fürchten** sich vor Fledermäusen.	**Aufregung**

STARK: Alle Strategien üben

1 Lies die Wörter. Welche Strategie hilft dir?

2 Markiere das richtige Wort und die passende Strategie.
Schreibe das Wort.

Tier/tier — Tier
Wind/Wint
insekt/Insekt
Burg/Burk
Diep/Dieb

3 Lies den Text. Markiere das richtige Wort.
Markiere die passende Strategie. Schreibe das Wort.

Interessantes über Fledermäuse

Die fledermaus/Fledermaus fliegt.
Sie jakt/jagt Mücken und Falter.
Das ist ihre Nahrung/nahrung.
Sie liept/liebt die Dunkelheit.
Viele Menschen mögen sie/Sie.
Sie finden die Tiere wichtig/wichtik.
Sie bieten ihnen Schutz/schutz.
Es gipt/gibt aber auch Feinde.

Das kann ich schon

Wortstamm und Wortfamilie

1 Lies und finde im Text alle Wörter mit dem Wortstamm **biss** oder **beiß**.

Markiere den Wortstamm.

Vorsicht, Dracula!

Draculas **Biss** ist eigentlich tödlich.
Aber wer **gebissen** wurde, stirbt nicht.
Er wird selbst ein **beißender** Vampir.
Die **Gebisse** aller Vampire haben Eckzähne.
Beim **Zubeißen** trinkt ein Vampir Blut.
Muss er mit seinen **Beißern** zum Zahnarzt?
Putzt er morgens und abends sein **Gebiss**?
Wir wissen es nicht.

b oder p, d oder t, g oder k?

2 Markiere **b** oder **p**, **g** oder **k** ❶.

Schreibe ❷, ❸ und dann ❹.

❸	❷	❶	❹
sie den___t	⟷	dengen denken	sie ________
er blei___t	⟷	bleibt bleipt	er ________
es lü___t	⟷	lügen lüken	es ________
sie lie___t	⟷	liepen lieben	sie ________
er pum___t	⟷	pumben pumpen	er ________

Diese Seite fand ich:
○ leicht ○ mittel ○ schwer

Geheimnisvolles

Einen Text lebendig vorlesen

1 Lies den Text leise.

Sieh dir die Bilder an.

Der geheimnisvolle Koffer

Auf Omas Dachboden war es spannend.
Und es gab viel zu entdecken.
Nanu! Was stand da in der Mitte?
Ein uralter Koffer.
Wo kam der denn her?

Ups, was war das? Der Koffer bewegte sich.
Oh nein! Er kam auf uns zu.
Was sollten wir tun? Weglaufen?
Zu spät! Hilfe! Jetzt öffnete er sich.
Unter dem Deckel schaute etwas heraus.
Was war das?

Wir trauten unseren Augen nicht:
Das war ja Omas Katze Mitzi!
Und neben ihr vier kleine Katzenbabys.
Sie lagen auf einem Tuch und schnurrten.
Wie niedlich!

2 Lies den Text mit einem Partnerkind.
Wechselt euch ab. Achtet auf die Farben: laut lesen leise lesen

Wie war das Vorlesen für dich? Kreuze an.

☐ leicht ☐ mittel ☐ schwer

Sich etwas Gelesenes vorstellen

1 Lies den Text und sieh dir das Bild an.

2 Markiere die Wörter für Farben.

Male Detektiv Sander richtig an.

Detektiv Sander

Er sieht aus wie ein Wanderer.

Sein Rucksack ist grün.

Seine Jacke ist blau.

Seine Schuhe sind braun und

haben schwarze Schnürsenkel.

Sein Bart und seine Haare sind braun.

Seine Hose ist grün.

3 Detektiv Sander soll diesen Dieb suchen.

Sieh dir den Dieb genau an.

Markiere die passenden Wörter.

Dieb:

Bart
kein Bart

glatte Haare
lockige Haare

kleine Ohren
große Ohren

grüne Augen
braune Augen

Was fehlt? Male das Bild zu Ende.

BB S. 65, BO S. 70

Einen Text verstehen

1 Lies den Text und sieh dir die Bilder an.

2 Was gehört zusammen? Verbinde.

Die seltsame Gestalt

1 Semra und Florian gehen zur Schule.
Sie kommen durch eine Gartenkolonie.
Heute ist es nebelig und kalt.
Es ist etwas unheimlich.

2 Plötzlich schreit Semra:
„Hilfe! Da ist ein Gespenst!“
Die Kinder sehen eine seltsame Gestalt.
Sie verschwindet aber wieder im Nebel.
Es leuchten nur noch zwei gelbe Punkte.

3 Am nächsten Tag gehen Semra
und Florian den gleichen Weg.
Sie folgen großen Fußabdrücken
und kommen zu einem Garten.
Dort sehen sie eine alte Liege.
In der Mitte ist eine Feuerstelle.

3 Richtig oder falsch? Kreuze an.

	richtig	falsch
Semra und Florian gehen zur Schule.		
Es leuchten zwei grüne Punkte.		
Im Garten ist ein altes Fahrrad.		

Eine spannende Geschichte planen

1 Lies den Text auf Seite 37.

Wer ist wohl die seltsame Gestalt?

Male das Bild zu Ende.

2 Lies die Karten am roten Faden.

Kreuze an und schreibe.

Karte A

Wann spielt die Geschichte?

- im Herbst
- im Sommer

Wo spielt sie? in einer

Gartenkolonie

Wer kommt darin vor?

- Semra
- Fabian
- Florian

Karte B

Wer oder **was** kommt auf die Kinder zu?

Vor ihnen steht

Was passiert?

Sie

Karte C

Wie löst sich die Spannung auf?

Karte D

Wie endet die Geschichte?

- gut
- schlecht

Was passiert am Schluss?

BB S. 68, BO S. 73/74

Eine spannende Geschichte schreiben

1 Lies die Ausdrücke im Kasten.

2 Was passt zu deiner Geschichte? Markiere.

Satzanfang: Großschreibung
Satzende: Punkt

starr vor Schreck	flatterndes Gewand
kichert albern	löst sich in Luft auf
mit piepsiger Stimme	bekommt eine Gänsehaut
beginnt schallend zu lachen	atmet erleichtert auf

3 Lies deinen roten Faden.
Schreibe damit eine Geschichte.

Diese Satzanfänge können dir helfen:

Auf einmal
Plötzlich
Schließlich
Zum Glück
Am Ende

Die seltsame Gestalt im Garten

Karte B

Vor Semra und Florian steht

Karte C

Karte D

Wörtliche Rede

1 Lies das Gespräch.
Markiere die Zeichen der wörtlichen Rede.

Im Klassenrat

Lena ruft: „Wir sprechen über die Klassenfahrt!“

Jonas sagt: „Ich habe eine Idee.“

Tim flüstert: „Bestimmt erleben wir ein Abenteuer.“

Fatma denkt: „Ich nehme meine Taschenlampe mit.“

Lena meint: „Lasst uns endlich anfangen.“

2 Setze Anführungszeichen:

am Anfang: „ unten

am Ende: oben “

3 Schreibe, was Tim sagt.
Setze Anführungszeichen.

Tim sagt:

BB S. 72, BO S. 79

Begleitsätze

1 Lies das Gespräch.

Lena

Hast du schon mal eine Nachtwanderung gemacht?

Jonas

Ja, im letzten Ferienlager.

Und, war es unheimlich?

Wir sahen etwas Grelles leuchten.

Ein Begleitsatz kann vor der wörtlichen Rede stehen.
Begleitsatz:
„Wörtliche Rede"

2 Schreibe Begleitsätze.
Markiere die Anführungszeichen.

Lena möchte wissen:

„Hast du schon mal eine Nachtwanderung gemacht?"

„Ja, im letzten Ferienlager."

„Und, war es unheimlich?"

„Wir sahen etwas Grelles leuchten."

Diese Wörter können dir helfen:

- flüstert
- ~~möchte wissen~~
- antwortet
- fragt
- berichtet
- ruft

Wörter mit ß

1 Lies die Wörter in den Schatzkisten.

Suche die Reimpaare.

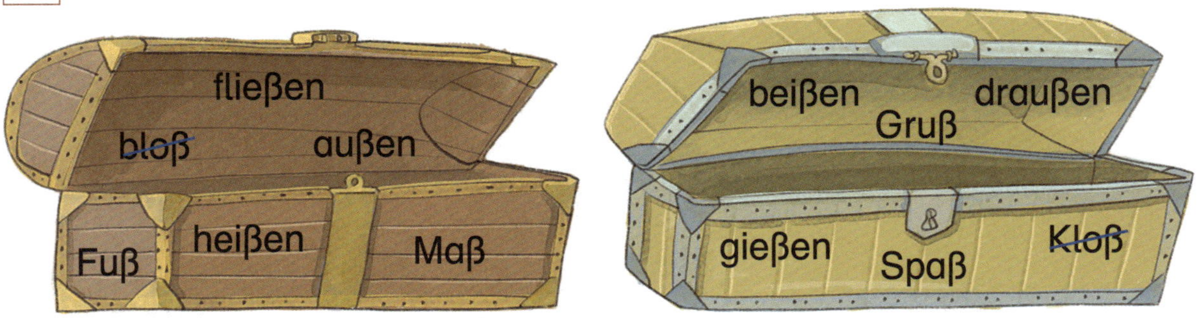

2 Schreibe die Reimpaare auf. Markiere das **ß**.

Mache die Lang-Kurz-Probe. Schreibe – oder •.

bloß Kloß

3 Markiere in jedem Wort den Wortstamm **reiß**.

Schreibe die Wörter.

Reißverschluss • reißen • reißt • einreißen • Reißzwecke • abreißen

Reißverschluss

BB S. 74, BO S. 81

Wörter trennen

1 Sieh dir die Bilder an. Flüstere die Wörter.

Höre jeden Laut!

2 Lies und verbinde die Silben.
Schreibe die Wörter mit Trennstrichen auf.

	Bunt	ler	
	Kof	le	
	Fül	stift	Bunt-stift
	Bril	fer	
	Af	fa	
	So	fe	

3 Lies die Wörter in den Kästen.
Schreibe sie mit Trennstrichen auf.

Hat das Wort nur eine Silbe, gibt es keinen Trennstrich.

eine Silbe: ~~Fall~~ • Tür • Knall • Mann

zwei Silben: ~~Zimmer~~ • Tarnung • Versteck • Lupe

drei Silben: ~~Mitternacht~~ • Detektiv • Geheimnis • Kamera

eine Silbe	zwei Silben	drei Silben
Fall	Zim-mer	Mit-ter-nacht

Das kann ich schon

Begleitsätze

1 Lies das Gespräch.

Detektiv Sander

Die Marktfrau

2 Schreibe Begleitsätze. Markiere die Anführungszeichen.

„Was ist passiert?“

„Jemand hat mein Gemüse gestohlen.“

„Ich lege mich auf die Lauer.“

ruft
fragt
sagt

Wörter trennen

3 Verbinde die Silben. Schreibe die Wörter mit Trennstrichen auf.

Sa	ke	
Zwie	lat	
Gur	bel	

Diese Seite fand ich:
○ leicht ○ mittel ○ schwer

Digital unterwegs

In einem Lexikon lesen

1 Lies die Texte.

Digital Musik hören

Musik aus dem Internet kann man auf dem Computer, Smartphone oder Tablet hören. Doch wie kommt die Musik auf die Geräte?

Musik downloaden*
Die Musik wird aus dem Internet heruntergeladen und gespeichert. Dann kann man die Musik auch ohne Internet hören.

* sprich: daunloden

Musik streamen**
Die Musik wird aus dem Internet übertragen und abgespielt. Dafür braucht man eine gute Internetverbindung.

** sprich: striemen

2 Lies die Fragen. Markiere die Antworten in den Texten.
Beantworte die Fragen.

- Auf welchen **Geräten** kann man Musik aus dem Internet hören?

Man kann sie auf

- Was bedeutet **Musik downloaden**?

Sie wird

- Was bedeutet **Musik streamen**?

Sie

Zwischenüberschriften finden

1 Sieh dir die Bilder an und lies den Text.

2 Schreibe die passenden Zwischenüberschriften.

Fotos auf Sensoren | Fotos auf Platten

~~Ein Foto entsteht~~ | Fotos auf Filmen

Überschrift

Vom ersten Foto zum digitalen Foto

Zwischenüberschrift

Ein Foto entsteht

Ein Foto entsteht durch **Licht**.
Hier kommt das Licht von Tinto.
Tinto wird auf dem Kopf abgebildet.

____

Zuerst fotografierte man auf **Platten**.
In jeder Kamera befand sich eine Platte.
Die Fotos wurden schwarz-weiß.

____

Dann fotografierte man auf **Filmen**.
Ein Film wurde in die Kamera gelegt.
Die Fotos wurden farbig.

____

Heute fotografiert man auf **Sensoren**.
In jeder Digitalkamera ist ein Sensor.
Die Fotos sieht man auf dem Computer.

BB S. 83, BO S. 90

Am Computer schreiben

1 Lies die Erklärungen.
Verbinde mit den richtigen **Formatierungszeichen**.

Arial, eine bestimmte Schriftart	*K*
kursiv, eine schräge Schrift	[Speichern-Symbol]
fett, eine dicke Schrift	Arial ▾
<u>unterstreichen</u>	**F**
speichern	<u>U</u>

2 Lies den Text.
Welche **Formatierungszeichen** wurden verwendet?
Markiere in jeder Zeile das passende Zeichen.

Unbenannt 1 - LibreOffice Writer

Datei Bearbeiten Ansicht Einfügen Format Tabelle Extras Fenster Hilfe

Standard | Arial | 12 | F K U

Einen Text formatieren | **F** | <u>U</u>

Am Computer macht mir das Schreiben <u>viel</u> Spaß. | **F** | <u>U</u>

Ich benutze die Schriftart Arial. | <u>U</u> | Arial ▾

Manche Wörter schreibe ich *kursiv*. | *K* | <u>U</u>

Manchmal hebe ich Wörter **fett** hervor. | [Speichern-Symbol] | **F**

Wichtig ist es, alles zu speichern. | *K* | [Speichern-Symbol]

Schreibe einen Text am Computer oder Tablet.

Nomen und Nomen zusammensetzen

Schreibe nur den ersten Buchstaben groß.

1 Lies die Nomen.

2 Verbinde die Nomen und schreibe sie auf.

Zeichentrick

Kinder

Natur

Piraten

Zeichentrickfilm

Der Artikel richtet sich immer nach dem Grundwort.

3 Setze die Nomen zusammen und markiere.

das Abenteuer + der Film: der Abenteuerfilm

das Tier + der Film:

der Detektiv + der Film:

das Märchen + der Film:

Schreibe beide Nomen groß.

4 Zerlege in zwei Nomen und markiere.

die Druckerpatrone: der Drucker + die Patrone

die Filmvorschau: der + die

die Internetadresse: das +

der Kopfhörer: der +

der Computertisch: der +

BB S. 88, BO S. 95/96

Verben in Gegenwart und Vergangenheit

1 Lies die Texte.

2 Schreibe die Verben in die Lücken.

Musik hören früher

brauchte • ~~hörte~~ • erklang • fuhr

Früher hörte man Musik auf Schallplatten.

Man ________ einen Schallplattenspieler.

Eine Nadel ________ über die Rillen.

Dann ________ die Musik.

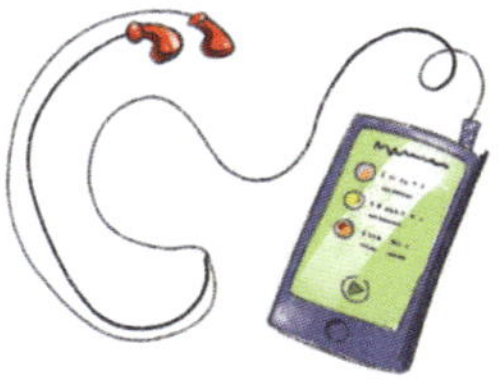

Musik hören heute

erklingt • wählt • hört • benutzt

Heute ________ man Musik auf dem Smartphone.

Man ________ einen Titel aus.

Dann ________ die Musik.

Manchmal ________ man Kopfhörer.

3 Präsens oder Präteritum? Schreibe.

~~ich hörte~~ • ~~ich höre~~ • ich wähle • ich wählte • ich lege • ich legte

Präsens: ich höre, ________

Präteritum: ich hörte, ________

M Schwierige Wörter merken

Merk's dir!

1 Lies die Wörter. Flüstere dabei mit.

2 Schreibe die Wörter in verschiedenen Farben.

Nomen

Smartphone
(sprich: Smartfon) — Smartphone — Smartphone

Tablet
(sprich: Täblät)

Computer
(sprich: Kompjuter)

Internet
(sprich: Internet)

Website
(sprich: Websait)

Verben

surfen
(sprich: sörfen)

chatten
(sprich: tschätten)

mailen
(sprich: mäilen)

downloaden
(sprich: daunloden)

streamen
(sprich: striemen)

Wähle zwei Wörter von dieser Seite. Schreibe damit einen Satz.

BB S. 92, BO S. 101

STARK: Alle Strategien üben

1 Lies die Wörter. Welche Strategie hilft dir?

2 Markiere das richtige Wort und die passende Strategie.
Schreibe das Wort.

Daten/Datten — Daten

fett/fet

Speichern/speichern

könen/können

hörren/hören

3 Lies den Text. Markiere das richtige Wort.
Markiere die passende Strategie. Schreibe das Wort.

Alles digital?

Im Alltag/alltag gibt es viele Computer.

Oma liest im Sesel/Sessel ihr E-Book.

Wir bezahlen ohne Geld/geld .

Eine Drohne/Dronne fliegt übers Haus.

Ein Roboter mäht den rasen/Rasen .

Wir surfen im Internet/internet .

Wir sehen uns digitale Fottos/Fotos an.

Das meer/Meer darauf ist aber echt!

Das kann ich schon

Nomen und Nomen zusammensetzen

1 Setze die Nomen zusammen und markiere.

der Sport + der Beutel: ______

das Internet + die Seite: ______

das Rad + der Weg: ______

der Computer + das Spiel: ______

Verben in Gegenwart und Vergangenheit

2 Schreibe die Verben in die Lücken.

Telefonieren früher

wählte • hielt • stand

Früher ______ das Telefon auf einem Tisch.

Man ______ die Nummer mit einer Wählscheibe.

Dann ______ man den Hörer an das Ohr.

Telefonieren heute

hält • tippt • benutzt

Heute ______ man ein Handy.

Man ______ die Nummer.

Dann ______ man das Handy an das Ohr.

Diese Seite fand ich:
○ leicht ○ mittel ○ schwer

Bei den Wikingern

Mit W-Fragen einen Text verstehen

1 Lies den Text.

So wohnten die Wikinger

Die Wikinger wohnten in langen Häusern.
Die Langhäuser hatten keine Fenster.
So konnte die Kälte nicht hereinkommen.

Ein Langhaus war etwa 30 Meter lang.
Die Wikinger bauten es aus Holz oder Stein.
Sie bedeckten das Dach mit Stroh oder Gras.

Zuerst lebten Menschen und Tiere in einem Raum.
Später gab es außer einer Schlafkammer ein paar Arbeitsräume.
Die Toiletten bestanden aus einfachen Gruben.

So beginnen W-Fragen: Was? Wie? Wo? Warum? Welche? Woraus?

2 Lies die Fragen. Markiere die Antworten im Text.
Beantworte die Fragen.

- Wie lang war ein Langhaus?

Es war etwa 30 Meter lang.

- Wo lebten Menschen und Tiere zuerst?

Sie lebten

- Welche Räume gab es später außer einer Schlafkammer?

Es gab

- Woraus bestanden die Toiletten?

Sie bestanden

Über einen Text nachdenken

1 Sieh dir die Bilder an und lies den Text.

Auf Raubzug

Die Wikinger fahren nach England.
Sie kämpfen gegen den Sturm.
Endlich erreichen sie die Küste.
Dort legen die Wikinger an.

Sven und Olof rennen auf einen Hügel.
Sie sehen ein Kloster mit Schätzen.
Sven freut sich auf den Raubzug.
Er ruft: „Bald gehört das alles uns!"

Olof ist auf seinem ersten Raubzug.
Er fragt unsicher:
„Wovon sollen die Menschen leben,
wenn wir ihnen alles wegnehmen?"
Sven war schon auf vielen Raubzügen.
Er antwortet ärgerlich:
„Wovon sollen wir leben,
wenn wir nichts mitnehmen?"

2 Was denkt Sven? Markiere rot.
Was denkt Olof? Markiere grün.

- Man darf doch gar nicht stehlen!
- So viele Schätze, toll!
- Von den Schätzen leben wir lange!
- Die armen Menschen!
- Ich kann es kaum erwarten!
- Werden die anderen dann nicht arm?

Was denkst du? Sprich mit einem Partnerkind.

BB S. 101, BO S. 110

Treffende Adjektive finden

1 Sieh dir Sven genau an.

2 Lies und verbinde.

Sven

lange, dunkelbraune Hose

roter Umhang

lange, blonde Haare

dichten Vollbart

3 Markiere die Adjektive in den Kästen.

4 Schreibe die markierten Adjektive in den Text.

Ein Krieger

Sven ist ein mutiger Wikinger.

Er trägt eine lange, ____ Hose.

Ein ____ Umhang schützt ihn vor Kälte.

Sven hat ____, ____ Haare

und einen ____ Vollbart.

Beschreibe ein Partnerkind.
Verwende passende Adjektive.

Pronomen kennenlernen

1 Lies den Text.

Rückkehr der Seefahrer

Erik und ich laufen zum Hafen.

„Da! Siehst du das Schiff?“

„Ja! Und dort ist mein Vater. Gleich begrüßt er mich.“

Das Schiff kommt näher, und es legt im Hafen an.

Dann gehen wir an Bord und entdecken die Schätze.

Die Seefahrer erzählen vom Raubzug.

Endlich geben sie uns die Geschenke.

2 Schreibe die markierten Pronomen in die freien Kisten.

3 Schreibe die Pronomen an die richtige Stelle.

~~er~~ • es • sie • wir • du • es • wir

Ein Schwert

Eriks Vater ist Handwerker. Er schnitzt ein Schwert.

Erik zeigt ______ seinen Freunden. ______ sind begeistert.

Erik fragt: „Wollen ______ damit spielen?“

Leif antwortet: „______ musst aber vorsichtig sein.“

Knud sagt: „______ ist nur aus Holz.

______ sind doch Wikinger.“

BB S. 106, BO S. 117

Satzglieder wiederholen

1 Lies die Sätze.

2 Markiere die Rahmen.

Die Bauern | hatten | viel Arbeit .

Hatten | die Bauern | viel Arbeit ?

3 Schreibe Fragen.

Die Bauern | fahren | zum Markt .

Fahren | die Bauern | zum Markt ?

Die Händler | verkaufen | ihre Waren .

______ | ______ | ______ ?

Hildigund | kauft | einen Armreifen .

______ | ______ | ______ ?

Leif | sieht | ein Schwert .

______ | ______ | ______ ?

Das Schwert | ist | aus Holz .

______ | ______ | ______ ?

Wörter mit aa, ee, oo M

1 Lies den Text.
Markiere noch acht Wörter mit **aa**, **ee**, **oo**.

Spiele der Wikinger

Die Wikinger spielten gerne im Moor.
Sie warfen Steine über die Beete.
Oft schwammen sie im See oder angelten Aale.
Oder sie ruderten mit ihren Booten über das Meer.
Der Schnellste durfte zuerst seinen Speer werfen.
Die Kinder suchten Beeren im Moos.

2 Lies die Wörter und markiere **aa**, **ee**, **oo**.

3 Schreibe die Wörter.

Zoo,

Wähle zwei oder drei Wörter von dieser Seite.
Schreibe je einen Satz.

BB S. 108, BO S. 119

Wörter mit ss

1 Lies die Wörter und mache die Lang-Kurz-Probe.
Schreibe einen • unter den kurzen Selbstlaut.

2 Markiere **ss**.
Schreibe das Reimwort.

Kasse — Tasse

Schuss

Schüssel

Ross

Kuss

Ass

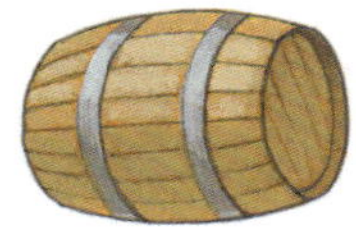

Masse

Bissen

3 Verbinde die Reimwörter und schreibe.

messen	messen	passen	
	küssen	Riss	
	lassen	pressen	pressen
	Biss	müssen	

Wörter in Silben gliedern und abhören

Hör genau!

1 Lies die Nomen und höre genau.

2 Schreibe die Nomen.
Setze Silbenbögen.
Markiere die Selbstlaute.

Wi kin ger — Wikinger

Kauf leu te

Hand wer ker

Sil ber mün ze

Bau ern hof

Raub zü ge

Arm rei fen

See rei se

Ka pi tän

Dra chen boot

Ge schen ke

Flüstere Drachenbootkapitän.

Wie viele Silben hörst du? Schreibe.

Setze Silbenbögen. Markiere die Selbstlaute.

BB S. 110, BO S. 121

STARK: Alle Strategien üben

1 Lies die Wörter. Welche Strategie hilft dir?

2 Markiere das richtige Wort und die passende Strategie.
Schreibe das Wort.

ernte/Ernte — Ernte

Leute/Leude

Karrn/Karren

Fleisch/fleisch

Händler/Händla

3 Lies den Text. Markiere das richtige Wort.
Markiere die passende Strategie. Schreibe das Wort.

So lebten die Wikinger

Ich weiß viel über Wikinger/wikinger.

Sie lebtn/lebten in Langhäusern.

Die hatten keine Fensta/Fenster.

Die Kleidung/kleidung hielt sie warm.

Sie bauten schnelle Boote/boote.

Damit rudertn/ruderten sie

weit über/Über das Meer.

sie/Sie brachten oft Schätze mit.

Das kann ich schon

Satzglieder wiederholen

1 Schreibe Fragen.

Die Familie | lebt | im Langhaus.

_____ _____ _____ ?

Die Krieger | fahren | zur See.

_____ _____ _____ ?

Die Kinder | füttern | die Tiere.

_____ _____ _____ ?

Die Kühe | fressen | gerne Gras.

_____ _____ _____ ?

Wörter mit aa, ee, oo

2 Lies die Wörter und markiere **aa**, **ee**, **oo**.

Beere • Haare • Zoo • Boot • Waage • Klee

Schreibe die Wörter.

____

____

Diese Seite fand ich:
O leicht O mittel O schwer

Unser Wetter

Verschiedene Anleitungen verstehen

1 Lies, was ein **Feuchtigkeitsmesser** ist.

Ein Feuchtigkeitsmesser zeigt an, wie das Wetter wird.

Man kann ihn mit einem Tannenzapfen selbst bauen.

Verschiedene Medien beschreiben, wie das geht.

2 Welche **Medien** sind das? Schreibe.

~~Zeitschrift~~ • Video • E-Mail • Karteikarte

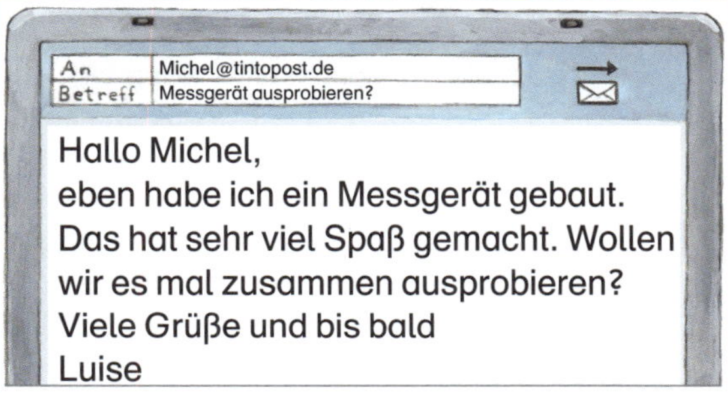

____

So wird's gemacht:

- Den Zapfen stehend auf das Brettchen kleben
- Den Schaschlikspieß an eine untere Schuppe kleben
- Die Pappe mit den Reißzwecken an die Rückwand pinnen
- Die Pappe beschriften

Zeitschrift

____

____

3 Lies und kreuze an.

Wo steht eine Bauanleitung?	☐ Zeitschrift	☐ E-Mail
Wo sieht man den Feuchtigkeitsmesser?	☐ Karteikarte	☐ E-Mail
Wo findet man, was man alles braucht?	☐ E-Mail	☐ Video

Verschiedene Anleitungen verstehen

1 Lies, was ein **Windsack** ist.

Ein Windsack zeigt an, woher der Wind kommt.

Man kann ihn aus einem Stück Stoff selbst herstellen.

Verschiedene Medien beschreiben, wie das geht.

2 Welche **Medien** sind das? Schreibe.

Radio • Smartphone • Zeitschrift

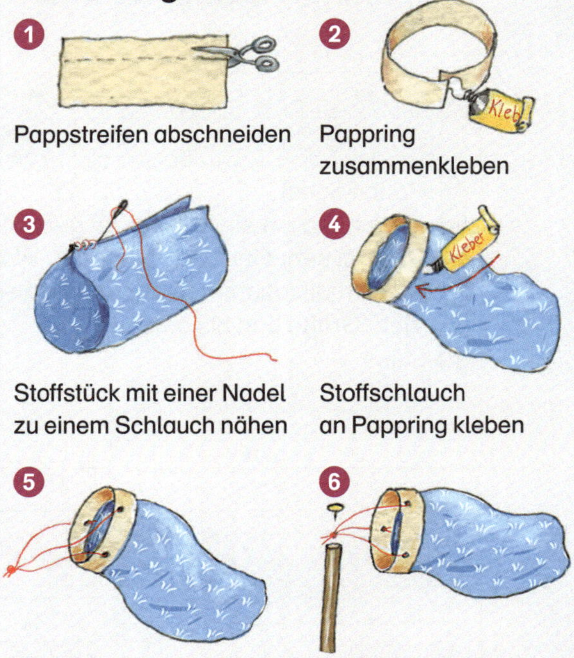

So wird's gemacht:

1. Pappstreifen abschneiden
2. Pappring zusammenkleben
3. Stoffstück mit einer Nadel zu einem Schlauch nähen
4. Stoffschlauch an Pappring kleben
5. Schnüre durch 3 Löcher im Pappring ziehen
6. Schnüre mit Reißzwecke am Holzstab befestigen

3 Richtig oder falsch? Kreuze an.

	richtig	falsch
Auf dem Smartphone sieht man, was man alles braucht.		
In der Zeitschrift steht, wie viel ein Windsack kostet.		
Im Radio wird ein Windsack erklärt.		

BB S. 118, BO S. 129

Ein Parallelgedicht schreiben

1 Lies das Rondell **Wintervergnügen**.
Welcher Vers wiederholt sich?

Wintervergnügen

Es schneit.
Schneeflocken tanzen durch die Luft.
Wir holen die Schlitten raus.
Schneeflocken tanzen durch die Luft.
Wir machen eine Schneeballschlacht
und bauen einen Schneemann.
Schneeflocken tanzen durch die Luft.
Wir freuen uns auf heißen Kakao.

2 Lies das Rondell **Spaß im Regen**.
Welcher Vers passt dazu? Kreuze an.

☐ Tropfen prasseln auf die Erde. ☐ Die Sonne scheint sehr hell.

3 Der Vers wiederholt sich. Schreibe ihn auf die Linien.

Spaß im Regen

Es regnet.

____

Wir ziehen die Regensachen an.

____

Wir rennen in den Park und springen mit Anlauf in die Pfützen.

____

Das macht Spaß!

Mit Adjektiven vergleichen

1 Lies die Wörter.

2 Was gehört zusammen? Verbinde.

stark	größer	am längsten
lang	stärker	am größten
groß	länger	am stärksten

3 Schreibe die fehlenden Wörter in die Tabelle. Markiere.

Grundstufe	1. Vergleichsstufe	2. Vergleichsstufe
sonnig	sonniger	am sonnigsten
kühl		
tief		

4 Schreibe Sätze.

Linne ist **groß**.

Levi ist ______.

Jule ist ______.

Der Stock ist **lang**.

Das Seil ist ______.

Der Wollfaden ist ______.

Der Wind weht **stark**.

Der Wind weht ______.

Der Wind weht ______.

BB S. 124, BO S. 135/136

Adjektive mit ig und lich ↔

1 Lies den Text.

Klassenausflug

Die Klasse 3 b macht einen Ausflug.

Leider ist es am Morgen nebelig.

Aber ab 9 Uhr wird es freundlich.

Alle haben sich sommerlich angezogen.

Sie gehen fröhlich los.

Auf dem Spielplatz ist es noch ruhig.

Doch jetzt toben alle glücklich herum.

2 Schreibe die Adjektive aus Aufgabe 1.

Markiere **ig** und **lich**.

nebelig,

3 Verbinde das Adjektiv mit dem passenden Nomen.

ruhig · traurig · gefährlich · nebelig · fleißig

Gefahr · Fleiß · Ruhe · Trauer · Nebel

4 Schreibe das passende Nomen zum Adjektiv.

Glück • Wind • ~~Sonne~~ • Wolke • Luft • Winter

sonnig	Sonne	winterlich		windig	
wolkig		glücklich		luftig	

Wörter mit chs (M)

1 Lies den Text.

2 Markiere noch fünf Wörter mit **chs**.

Aprilwetter im Zoo

Heute geht Jonas mit Oma in den Zoo.

Sie wollen Eidechsen sehen.

Leider wechselt das Wetter immer.

Es fängt an zu regnen, und sie laufen ins Gewächshaus.

Nach dem Regen gehen sie raus und sehen sechs Affen.

Plötzlich greift der kleinste Affe in Omas Tasche.

So ein Frechdachs! Dann regnet es wieder.

Jonas und Oma halten abwechselnd den Regenschirm.

3 Schreibe die markierten Wörter. Markiere **chs**.

Eidechsen,

4 Schreibe die Wörter in verschiedenen Farben.
Markiere **chs**.

wechseln	wechseln	wechseln
wachsen		
Fuchs		
Lachs		
Erwachsener		

BB S. 126, BO S. 139

Wörter mit tz und ck

1 Lies den Text.

2 Markiere die Wörter mit **tz** gelb und **ck** rot.

Was ist Schnee?

Schneeflocken sind federleicht.

Sie glitzern in der Sonne.

Die Flöckchen mögen keine Hitze.

Wenn sie sich auf die Haut setzen, schmelzen sie.

Sie werden erst in der Luft zu Flocken.

Sie haben eckige Spitzen und Zacken.

Zwischen ihnen ist Platz für Luftblasen.

Eine Schneedecke kann vor Kälte schützen.

3 Schreibe die Wörter in die Tabelle.
Markiere **tz** gelb und **ck** rot.

Wörter mit tz	Wörter mit ck
glitzern	Schneeflocken

Wähle ein Wort mit **tz** oder mit **ck**. Schreibe einen Satz.

Das kann ich schon

Mit Adjektiven vergleichen

1 Schreibe die fehlenden Wörter in die Tabelle. Markiere.

Grundstufe	1. Vergleichsstufe	2. Vergleichsstufe
klein		
ruhig		
schön		
lustig		
windig		

Wörter mit tz und ck

2 Markiere die Wörter mit **tz** gelb und **ck** rot.

Schreibe die Wörter in die Tabelle.

spucken • Decke • Blitze • schlucken • Katze • Pfütze • Mücke • Mütze • flitzen • Dreck

Wörter mit tz	Wörter mit ck

Diese Seite fand ich:
○ leicht ○ mittel ○ schwer

Phänomenal!

Eine Bildanleitung lesen

1 Lies die Überschrift. Sieh dir die Bilder an.

Von der Natur lernen

2 Zu welchen Bildern gehören die Sätze? Schreibe die Nummern.

Hier ist die Zeichnung eines Flügels. [2]

Hier fliegt ein Segelflugzeug. [ ]

Hier fliegt ein Storch. [ ]

Hier ist das Modell eines Segelflugzeugs. [ ]

Hier ist das Modell eines Flügels. [ ]

3 Richtig oder falsch? Kreuze an.

	richtig	falsch
Das Segelflugzeug ist vom Storch abgeschaut.		
Störche und Segelflugzeuge sind grün.		
Flugzeugflügel haben eine Form wie Vogelflügel.		

Informationen und Werbung unterscheiden

1 Lies den Werbetext.

Das coole* Schwebebrett

Das tolle Schwebebrett heißt Fly-Board** 8000.

Es wurde total neu entwickelt.

NEU

Es ist super leicht.

GÜNSTIG

Es kann ewige 30 Minuten schweben.

Es kann mega einfach geflogen werden.

Es kostet günstige 1999 Euro!

*sprich: kuule
**sprich: Flai-Bort

2 Die markierten Wörter übertreiben. Schreibe sie auf.

coole,

3 Mache aus dem Werbetext einen Informationstext.

Das Schwebebrett

Das Schwebebrett heißt Fly-Board 8000.

BB S. 141, BO S. 154

Das Prädikat

1 Wie fragst du nach dem Prädikat? Kreuze an.

☐ Wie? ☐ Was tut jemand? ☐ Wozu?

2 Lies den Text.

Beantworte die Fragen nach dem Prädikat.

Der Roboter und die Spinne

Die Spinne flüchtet schnell.

Was tut die Spinne schnell? flüchtet

Die Spinne rollt bei Gefahr.

Was tut die Spinne bei Gefahr? ______

Der Roboter Tabbot fährt ähnlich.

Was tut der Roboter Tabbot ähnlich? ______

3 Lies den Text.

Beantworte die Fragen nach dem Prädikat.

Markiere die Prädikate rot.

Majas Badeanzug

Majas Badeanzug glänzt wie Hai-Haut.

Was tut Majas Badeanzug wie Hai-Haut? glänzt

Maja schwimmt schnell wie ein Hai.

Was tut Maja schnell wie ein Hai? ______

Die Klasse jubelt laut.

Was tut die Klasse laut? ______

Verben und Nomen zusammensetzen

1 Lies den Text. Sieh dir die farbigen Nomen an.

Ausflug in den Zoo

Murat und Michelle besuchen viele Tiere.

Zuerst sehen sie eine Wanderratte.

Dann hören sie, wie ein Brüllaffe laut schreit.

Michelle gefällt die Klapperschlange.

Murat mag lieber Singvögel.

Später beobachten sie einen Zitteraal.

Viele Tiere sind Vorbilder für die Technik.

Nomen schreibst du groß.

2 Setze Verb und Nomen zusammen. Markiere.

Verb	+ Nomen	→ zusammengesetztes Nomen
wandern	+ Ratte	→ Wanderratte
brüllen	+ Affe	→
klappern	+ Schlange	→
singen	+ Vögel	→
zittern	+ Aal	→

3 Zerlege in Verb und Nomen. Markiere.

Denke an das en.

zusammengesetztes Nomen	→ Verb	+ Nomen
Waschmaschine	→ waschen	+ Maschine
Stehlampe	→	+
Trinkhalm	→	+

BB S. 143, BO S. 157/158

4 Verbinde Verb und Nomen.

- wandern
- rollen
- laufen
- tanzen
- turnen

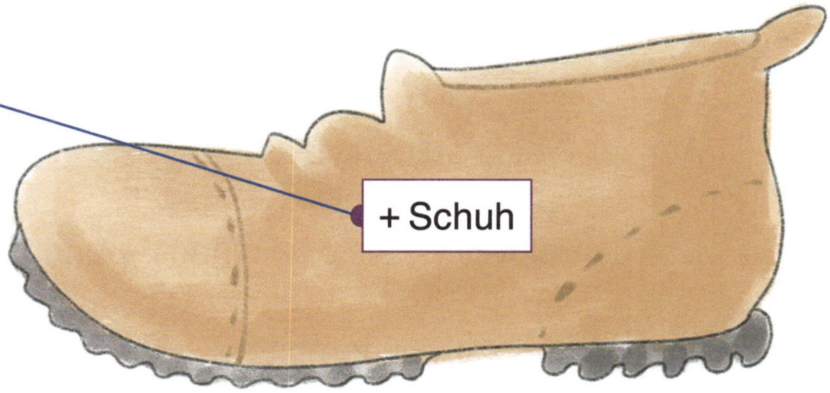

5 Setze Verb und Nomen zusammen. Markiere.

Verb	+ Nomen	→	zusammengesetztes Nomen
wandern	+ Schuh	→	Wanderschuh
	+ Schuh	→	
	+ Schuh	→	
	+ Schuh	→	
	+ Schuh	→	

Setze Verb und Nomen zusammen.
Markiere gelb und rot.

Verb	+ e	+ Nomen	→	zusammengesetztes Nomen
tragen	+ e	+ Tuch	→	Tragetuch
liegen	+ e	+ Stuhl	→	
reisen	+ e	+ Tasche	→	
säugen	+ e	+ Tier	→	

Wörter mit ie oder i

1 Lies die Sätze.

2 Setze **ie** ein und schreibe das Wort.

Auf der Weide stehen viele T ie re. — Tiere

Ben schreibt Br_____fe an einen Freund.

Helena beobachtet gerne B_____nen.

Oma geht oft mit mir spaz_____ren.

Manchmal übt Opa Klav_____r.

Igor sp_____lt gerne auf seiner Gitarre.

Kim l_____st Zeitschriften für Kinder.

3 Mache die Lang-Kurz-Probe.
Schreibe – oder •.
Schreibe **ie** oder **i** und das Wort.

Erf i ndung (•) — Erfindung	St_____mme	l_____ben
Sch_____ff	schl_____ßen	B_____ld
v_____l	w_____ckeln	Sp_____gel

BB S. 144, BO S. 159

Wörter mit stummem h M

1 Lies den Text. Achte auf die farbigen Wörter.

Geschickte Schwimmer

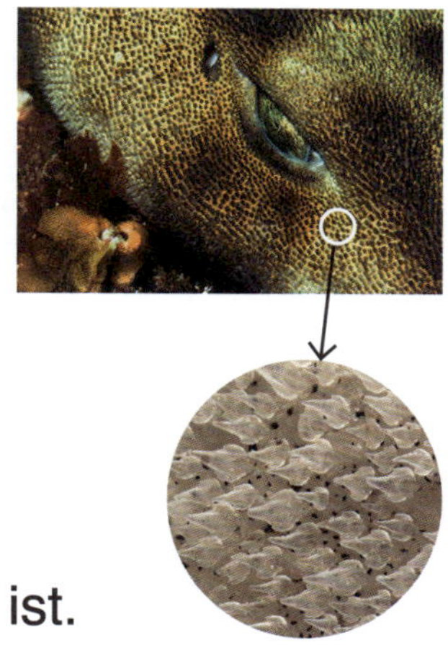

Haie können ohne viel Kraft schwimmen.
Ihre Haut fühlt sich rau an.
Trotzdem wühlt die Haut das Wasser kaum auf.
Das zahlt sich beim Schwimmen aus. Es spart Kraft.

Menschen können diese Haut nachahmen.
Sie stellen einen Stoff her, der wie die Haut von Haien ist.
Sie nehmen diesen Stoff und machen daraus Badeanzüge.

2 Schreibe die farbigen Wörter.
Markiere das stumme **h**.

ohne,

3 Schreibe die Wörter in verschiedenen Farben.
Markiere das stumme **h**.

• Hahn	der Hahn	der Hahn
• Huhn		
• Ohr		
• Bahn		
• Fahrt		
• Zahn		

Das kann ich schon

Das Prädikat

1 Beantworte die Fragen nach dem Prädikat.
Markiere die Prädikate rot.

Spannendes Eishockeyspiel

Der Trainer schreit aus vollem Hals.

Was tut der Trainer aus vollem Hals? ______________

Meyer schießt kräftig.

Was tut Meyer kräftig? ______________

Der Puck rutscht weit.

Was tut der Puck weit? ______________

Das Publikum jubelt laut.

Was tut das Publikum laut? ______________

Wörter mit ie oder i

2 Mache die Lang-Kurz-Probe.
Schreibe – oder •.
Schreibe **ie** oder **i** und das Wort.

W____nd	v____r	St____fel
K____nd	T____sch	fl____gen

Diese Seite fand ich:
○ leicht ○ mittel ○ schwer

Am Teich

Genau lesen

1 Lies den Text.

Seerosen

Seerosen sind Wasserpflanzen.
Man sieht sie vor allem auf Teichen.
Sie blühen im Juni, Juli und August.
Die Blüten schließen sich über Nacht.
Die meisten Blüten sind weiß oder rosa.
Die weiße Seerose wird auch „Wasserlilie“ genannt.
Seerosen stehen unter Naturschutz.
Sie dürfen nicht gepflückt werden.

2 Lies die Fragen. Suche die Antworten im Text.

3 Beantworte die Fragen. Schreibe die Zeilen.

• Was passiert mit den Blüten über Nacht?

Sie ______________________ Zeile ☐

• In welchen Farben sind die meisten Blüten?

Sie ______________________ Zeile ☐

4 Richtig oder falsch? Kreuze an.
Wo hast du die Informationen gefunden? Schreibe die Zeilen.

	richtig	falsch	Zeile
Seerosen blühen auch im Juli.			
Die weiße Seerose wird auch „Wassertulpe“ genannt.			
Seerosen dürfen nicht gepflückt werden.			

Fabeln kennenlernen

1 Lies die Fabel. Sieh dir die Bilder an.

Die beiden Frösche

Zwei Frösche fanden eine Schüssel mit Milch.
Sie sprangen hinein und tranken.
Irgendwann waren die Frösche satt.
Sie wollten die Schüssel wieder verlassen.
Aber die Wände waren zu glatt.

Die beiden Frösche strampelten in der Milch.
Nach vielen Stunden gab der erste Frosch auf.
Er hörte auf zu strampeln und ertrank.

Der zweite Frosch aber strampelte weiter.
Nach einiger Zeit wurde die Milch zu Butter.
Von der Butter konnte er sich abstoßen.
Der Frosch sprang ins Freie.

2 Welche Lehre passt am besten? Markiere.

Nimm immer einen Freund mit!	Trinke keine Milch!	Gib nie auf!

3 Schreibe die Lehre auf.

Warum hast du diese Lehre gewählt? Schreibe.

Fabeln kennenlernen

1 Lies die Lehren.

2 Was gehört zusammen? Verbinde.

- ① Wer zuletzt lacht,
- ② Geteilte Freude
- ③ Wer anderen eine Grube gräbt,
- ④ Wenn zwei sich streiten,

- fällt selbst hinein.
- freut sich der Dritte.
- lacht am besten.
- ist doppelte Freude.

3 Sieh dir die Comics an. Zu welchen Lehren gehören sie?
Schreibe zu jedem Comic die Nummer der passenden Lehre.

Lehre ☐

Lehre ☐

4 Welche Lehre gefällt dir am besten? Schreibe sie auf.

Lehre ☐ : ______________________________

____

Unterschiedliche Texte vergleichen

1 Lies die Textanfänge.

2 Was sind dies für Texte? Verbinde.

① Du brauchst:
- 1 Blatt weißen Tonkarton
- 1 Schere
- 1 Klebestift …

② Es war einmal eine schöne Prinzessin. Sie ging jeden Morgen im Schlossgarten spazieren. Eines Tages sah sie im Teich etwas glitzern. Was war das wohl? …

③ Nahe beim Dorfteich, an der Ecke,
hockte eine Wasserschnecke.
Sie wollte ihren Freund besuchen
und backte einen großen Kuchen …

Gedicht

Bastelanleitung

Märchen

3 Lies die Kärtchen.
Schreibe die passenden **Textsorten** darauf.

____

- Der Text beginnt oft mit „Es war einmal“.
- Es gibt dort „Gut“ und „Böse“.

____

- Die Wörter reimen sich oft.
- Der Text hat kurze Zeilen.

____

- Der Text beschreibt genau, was du brauchst.
- Der Text erklärt, wie du bastelst.

Einen Steckbrief schreiben

1 Lies die Informationen über den **Haubentaucher**.

Kaulquappen, Fische, Frösche	15 Jahre	~~Haubentaucher~~
Füchse, Möwen, Seeadler	50 cm*	graubraun, schwarze Haube

*cm = Zentimeter

2 Lies den Steckbrief.
Schreibe die Informationen in den Steckbrief.

Steckbrief

Name: Haubentaucher

Größe: ______

Aussehen: ______

______

Alter: ______

Nahrung: ______

______

Feinde: ______

______

Welche anderen Teichbewohner kennst du?
Schreibe oder male.

Das Subjekt

1 Lies den Text.

2 Beantworte die Fragen nach dem Subjekt.

Frische Luft

Merves Mutter geht jeden Tag raus.
Wer oder was geht jeden Tag raus? Merves Mutter

Sie nimmt die Kinder mit.
Wer oder was nimmt die Kinder mit? ______

Der Hund kommt auch mit.
Wer oder was kommt auch mit? ______

3 Lies den Text weiter.
Beantworte die Fragen nach dem Subjekt.
Markiere die Subjekte blau.

Merve hat heute keine Lust.
Wer oder was hat heute keine Lust? Merve

Das Wetter ist aber toll.
Wer oder was ist aber toll? ______

Der Hund nimmt seinen Ball.
Wer oder was nimmt seinen Ball? ______

Merve holt ihren Roller.
Wer oder was holt ihren Roller? ______

Der Roller ist ganz neu.
Wer oder was ist ganz neu? ______

So macht der Spaziergang Spaß!

BB S. 160, BO S. 175/176

Subjekt und Prädikat

1 Lies den Text.

2 Beantworte die Fragen nach dem Subjekt.
Markiere die Subjekte blau.

Picknick am Teich

Selmas Familie plant ein Picknick.
Wer oder was plant ein Picknick? Selmas Familie

Selmas Mutter schneidet einen Salat.
Wer oder was schneidet einen Salat? ______

Ihr Vater packt die Kühltasche.
Wer oder was packt die Kühltasche? ______

Ihr Bruder holt die Melone.
Wer oder was holt die Melone? ______

3 Lies den Text weiter.
Beantworte die Fragen nach dem Prädikat.
Markiere die Prädikate rot.

Selmas Mutter schneidet nun die Melone.
Was tut Selmas Mutter nun? schneidet

Selma nascht ein Stück Melone.
Was tut Selma? ______

Dann holt Selma die Fahrräder.
Was tut Selma dann? ______

Die Familie startet jetzt.
Was tut die Familie jetzt? ______

Wörter mit tz oder z

1 Lies die Wörter im Teich und suche die Reimpaare.

2 Schreibe die Reimpaare und markiere **tz** oder **z**.
Mache die Lang-Kurz-Probe. Schreibe – oder •.

Es gibt nur ein Reimpaar mit z.

schmutzig putzig

3 Male die Felder mit **tz** blau und die Felder mit **z** grün aus.

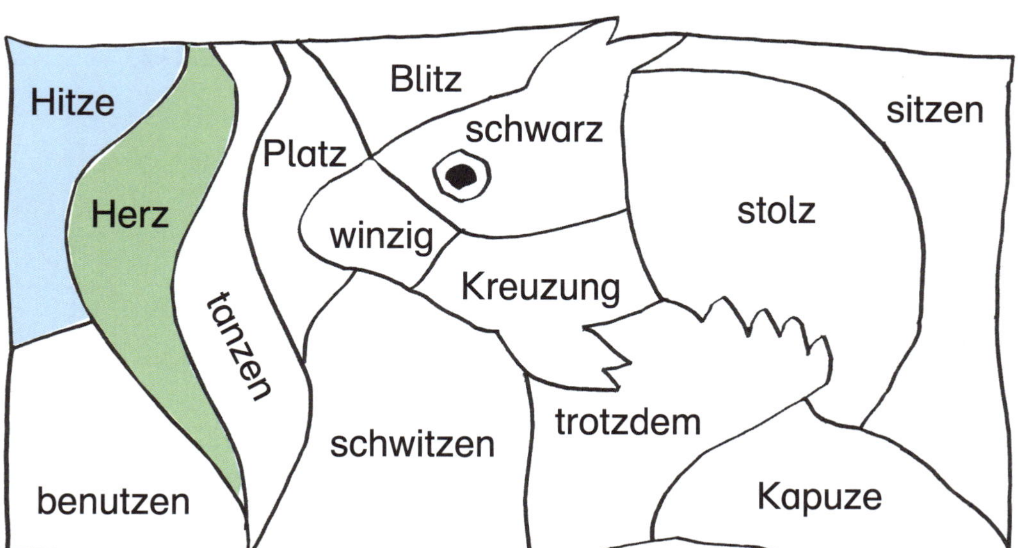

Wörter mit ck oder k

1 Lies die Wörter im Kasten.

2 Markiere **ck** oder **k**.

Mache die Lang-Kurz-Probe.

Schreibe – oder •.

3 Schreibe die Wörter aus dem Kasten in das Rätsel.

Lies die Lösung senkrecht.

ROCK • BACKOFEN • RAKETE •
VIERECK • SCHNECKE • LOCKEN •
MUSIK • BESTECK • WECKER •
SCHAUKEL • ~~PLAKAT~~ • PAKET •
SOCKE • BOCK • TRECKER

Das kann ich schon

Das Subjekt

1 Beantworte die Fragen nach dem Subjekt.
Markiere die Subjekte blau.

Satzglieder erkennen

Lotta und Asmin markieren Satzglieder.
Wer oder was markiert Satzglieder?

Asmin erkennt alle Subjekte.
Wer oder was erkennt alle Subjekte?

Lotta beantwortet alle Fragen.
Wer oder was beantwortet alle Fragen?

Beide helfen anderen Kindern.
Wer oder was hilft anderen Kindern?

Wörter mit tz oder z

heizen • Reiz • Blitze • petzen •
Geiz • Ritze • setzen • Weizen

2 Schreibe die Reimpaare und markiere tz oder z.
Mache die Lang-Kurz-Probe. Schreibe – oder •.

Diese Seite fand ich:
○ leicht ○ mittel ○ schwer

Hier leben wir

Sich Gedanken über einen Text machen

1 Lies die Gedanken der Kinder.

2 Was denkst du darüber? Sprich mit einem Partnerkind.

Wo fühlst du dich zu Hause?

Zu Hause ist da, wo ich keine Angst haben muss.

Zu Hause ist an zwei Orten: bei Mama und bei Papa.

Zu Hause ist da, wo schon meine Großeltern als Kind gewohnt haben.

Zu Hause ist unsere Wohnung in der Kirchstraße. Früher habe ich in einem anderen Land gelebt.

Zu Hause ist da, wo die Menschen sind, die ich lieb habe.

Zu Hause ist da, wo die ganze Familie und alle unsere Tiere wohnen.

3 Wo fühlst du dich zu Hause? Schreibe.

Zu Hause ist

Informationen aus Sachtexten entnehmen

1 Lies den Text.

Haustiere weltweit

1 Viele Familien haben Haustiere.
2 In **Deutschland** ist die Katze das häufigste Haustier.
3 Fast jeder dritte Deutsche hält sich eine Katze.
4 Jeder fünfte Deutsche hat einen Hund.
5 **Weltweit** ist der Hund das häufigste Haustier.
6 Fische und Vögel kommen seltener vor.
7 Es gibt eine Ausnahme:
8 In der **Türkei** ist der Vogel das häufigste Haustier.

2 Lies die Fragen. Suche die Antworten im Text.
Beantworte die Fragen. Schreibe die Zeilen.

- Was ist in Deutschland am häufigsten? ____________ Zeile ☐
- Was ist in der Türkei am häufigsten? ____________ Zeile ☐

3 Was steht im Text? Lies und markiere das richtige Wort.
Schreibe die Zeilen.

- Weltweit ist der Hund/die Katze am häufigsten. Zeile 5
- Jeder dritte/fünfte Deutsche hat einen Hund. Zeile ☐
- Viele Familien waschen/haben Haustiere. Zeile ☐
- Vögel sind am häufigsten in der Türkei/in Deutschland. Zeile ☐

Welches ist das häufigste Haustier in eurer Klasse?
Führt eine Klassenumfrage durch. Ergebnis: ____________

BB S. 172, BO S. 189

Nach Anregung schreiben

1 Sieh dir die Bilder an und lies die Stichworte.

2 Markiere alle Stichworte, die zu den Bildern passen.

Lisas Umzug

umziehen • Kisten • Schwimmbad • packen • Umzugswagen

Heute

verabschieden • traurig • Abfahrt • Freundin • Spaß haben

Lisa

Sprungbrett • Abend • neues Haus • ankommen • nettes Nachbarskind

Am Abend

neue Freundin • spielen • Hund • Bauchklatscher • glücklich

Etwas später

3 Wähle Stichworte und schreibe zu jedem Bild einen Satz.

Nachgestellter Begleitsatz

1 Lies den Witz.

Ein Begleitsatz kann nach der wörtlichen Rede stehen.
„Wörtliche Rede", Begleitsatz

2 Schreibe die **Anführungszeichen** und das **Komma**.
Schreibe nachgestellte Begleitsätze.

Diese Wörter können dir helfen:

schluchzt
ruft
fragt
sagt
~~erkundigt sich~~

„Warum weinst du, mein Kleiner?",
erkundigt sich die Frau.

Mein Hund ist weg!

Wo wohnst du denn?

Das ist doch das Problem. Das weiß nur der Hund!

BB S. 177, BO S. 195/196

Nachgestellter Begleitsatz

1 Lies die Sprechblasen.
Wohin fahren die Kinder in den Sommerferien?

2 Schreibe Sätze mit nachgestelltem Begleitsatz.
Markiere die **Anführungszeichen** und das **Komma**.

„Wir fahren in Omas und Opas Garten“, berichtet Friederike.

Achtung! Der Punkt fällt weg.

Diese Wörter können dir helfen:

sagt
schwärmt
~~berichtet~~
erzählt
ruft

Welches Land würdest du gerne einmal besuchen?
Sprich mit einem Partnerkind.

Texte mit dem Computer überprüfen

1 Lies Frederiks Text über seine Ferien.

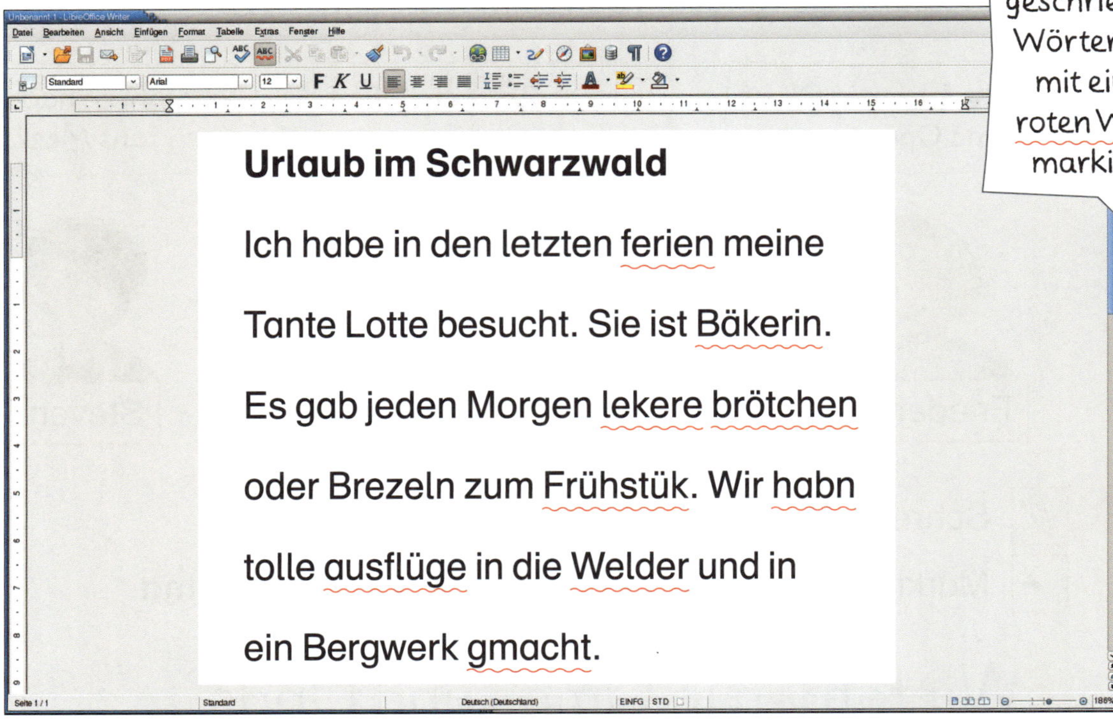

Urlaub im Schwarzwald

Ich habe in den letzten ferien meine Tante Lotte besucht. Sie ist Bäkerin. Es gab jeden Morgen lekere brötchen oder Brezeln zum Frühstük. Wir habn tolle ausflüge in die Welder und in ein Bergwerk gmacht.

2 Das Rechtschreibprogramm schlägt Verbesserungen vor.
Markiere die richtigen Wörter.

ferien – Freien / Ferien	Bäkerin – Bäuerin / Bäckerin	lekere – leckere / leere
brötchen – Brötchen / Bärtchen	Frühstük – Frühling / Frühstück	habn – Hahn / haben
ausflüge – ausflöge / Ausflüge	Welder – Wälder / weder	gmacht – macht / gemacht

3 Schreibe alle Wörter richtig auf.

Ferien,

BB S. 178, BO S. 197

Silbentrennendes h ⟷

1 Verbinde die verwandten Wörter.

2 Setze Silbenbögen und markiere das **h**.

ruht	drehen
Kuh	früher
froh	ruhen
dreht	mähen
mäht	frohe
früh	Kühe

3 Schreibe zu jedem Wort ein verwandtes Wort, bei dem du ein **h** hörst. Setze Silbenbögen.

sie muht ⟷ muhen

er geht ⟷

er kräht ⟷

sie steht ⟷

es blüht ⟷

sie näht ⟷

Das kann ich schon

Nachgestellter Begleitsatz

1 Bei dem Witz fehlen die Zeichen der wörtlichen Rede.

Schreibe die **Anführungszeichen** und das **Komma**.

Markiere die nachgestellten Begleitsätze.

Landleben

Matilda ist zum ersten Mal auf einem Bauernhof.

Hast du meine Kuh gesehen?
fragt der Bauer.

Nein. Warum wollen Sie das wissen?
erkundigt sich Matilda.

Meine Kuh ist weg. Ich kann sie nirgends finden
klagt der Bauer.

Die Kuh kann nicht weit gekommen sein.
Sie haben ihr doch gestern den ganzen Tank leer gepumpt!
beruhigt Matilda den Bauern.

Silbentrennendes h

2 Schreibe zu jedem Wort ein verwandtes Wort, bei dem du ein **h** hörst. Setze Silbenbögen.

sie flieht ⟷		er näht ⟷	
er leiht ⟷		sie sieht ⟷	
sie sprüht ⟷		es zieht ⟷	

Diese Seite fand ich:
○ leicht ○ mittel ○ schwer